TU CONDUCTOR
HA LLEGADO

TU CONDUCTOR HA LLEGADO

**Historias Para Compartir Durante un Viaje en Carro
por Nestor "The Boss" Gómez
Traducción por José García Escobar**

**Tortoise Books
Chicago, IL**

PRIMERA EDICIÓN EN ESPAÑOL, DICIEMBRE DE 2024

©2024 Nestor Gomez

Todos los derechos reservados bajo la Convención Internacional y Panamericana de Derecho de Autor

Publicado en Estados Unidos por Tortoise Books.

www.tortoisebooks.com

ISBN-13: 978-1-965199-06-0

Este libro es un trabajo de no ficción, y las historias están inspiradas en las experiencias, varios artefactos y fotografías, y recuerdos de niñez del autor. Los diálogos son aproximaciones a lo dicho en la vida real y aparecen entre comillas para ayudar al lector.

Diseño de portada por Victor Calahan y Gerald Brennan

Tortoise Books derechos de autor del logotipo ©2024, Tortoise Books. Obra original de Rachele O'Hare.

*Cuando llegué por primera vez a Chicago de
Guatemala, a mediados de los años ochenta
era un indocumentado
tartamudeaba
y no sabía nada de inglés.
No tenía una voz.*

*Hoy soy un ciudadano estadounidense,
soy un storyteller, un cuenta cuentos,
y hablo inglés (con un acento latino muy sexy);
he encontrado my voice, mi voz.*

*Por lo tanto,
quiero dedicar este libro
a todos los inmigrantes como yo,
y a todos aquellos que alguna vez sintieron
que no tenían una voz.*

—Nestor "The Boss" Gómez

Todo empezó hace un par de años. Iba hacia el centro de la ciudad, de camino a una librería cuando de repente…

Un carro apareció en la calle, y llevaba un bigote, *a mustache*.

¿Qué fue eso?, pensé. ¿Qué llevaba ese carro adelante?

No podía creer lo que había visto: un carro con bigote. Necesitaba hablar con mi hermana. Él se las sabía todas. O al menos sabía encontrar las respuestas.

"*Hey!* No vas a creer lo que acabo de ver," le dije. "Un carro con bigote. Sí, *a car with a mustache*. No, no, no. No un Mustang. Un carro con bigote. *Mustache*. Bigote… No, no sé qué significa eso. Pensé que tu sabrías. Siempre sabes de estas cosas… Escucha, voy de camino a la librería y tú estás en tu oficina haciendo como que trabajas. ¿Por qué no te metes a Internet y ves qué puedes encontrar sobre carros con bigotes? Dime qué encuentras luego, ¿okey?".

Fui a la librería, y luego de pasar un par de horas leyendo me olvidé completamente del carro con bigote.

Unos meses después fui a la casa de mi mamá, para celebrar su cumpleaños. Mi hermano estaba ahí, pero actuaba muy extraño. A cada rato revisaba su teléfono hasta que de repente, luego de darle un vistazo más, se fue muy de prisa.

Regresó un par de horas después.

"*Hey*, ¿y a vos qué te pasa?", le pregunté. "Es el cumpleaños de mamá y te fuiste por un buen rato".

"No pude evitarlo", dijo. "Tenía que ir a recoger a un pasajero, y luego de ir a dejar a esa persona recibí otra solicitud cerca."

"¿Cómo así? ¿Trabajas como taxista ahora?", le pregunté.

"No, no como taxista", dijo. "Me uní a esta empresa desde mi teléfono y a través de una aplicación, de una *app*, recibo solicitudes de viajes, y cada viernes la empresa me deposita a mi cuenta bancaria. Puedo usar mi propio carro, y hasta me dan un bigote muy *cool* para ponerlo al frente".

"¿Un bigote?".

"Sí", dijo. "Me dieron quinientos dólares solo por abrir mi cuenta y recibo otros quinientos dólares por cada conductor que recomiendo unirse a la empresa. Logré que un par de amigos y mi esposa se unieran también. Tan solo este mes gané dos mil dólares por la gente que recomendé".

Lo único que podía pensar en ese momento era que, en inicio, yo le había dicho de los bigotes, y que yo debería estar ganando esa cantidad de dinero.

"¿Quieres unirte?", me preguntó. "Te dan quinientos dólares si completas veinte viajes durante la primera semana, y te dan un bigote para tu carro".

Entonces abrí mi cuenta para ser conductor de viajes compartidos. ¿Quién podía negarse a tener un bigote en su carro?

Gomez

El primer día que trabajé como conductor de viajes compartidos, me di cuenta que no tenía idea a qué me había metido.

El bigote que recibí tenía un par de lazos de velcro. Esos eran los únicos lazos permitidos para atar los bigotes al frente del carro. Pero tan pronto empecé a manejar, el bigote empezó a brincar de arriba abajo. Otras veces caía sobre el capó, en vez de permanecer frente al parachoques.

Varias veces me hice a un lado de la carretera para acomodar el bigote antes de finalmente decidir que debía manejar con el bigote de cabeza, y llevándolo sobre el capó. Sin embargo, a Chicago se le conoce como la *Windy City* o "La Ciudad de los Vientos" por una razón. Llevaba a apenas unos minutos manejando cuando de repente un viento arrancó el bigote de mi carro. Este voló sobre mí y cayó al otro lado de la calle.

Fui obligado a orillarme y salir del carro lo más rápido posible. Tuve que cruzarme la calle a prisa y correr un poco más para intentar atrapar el bigote, el cual se había aferrado a una ráfaga de

Tu Conductor Ha Llegado

viento como un barrilete rebelde. Tan pronto atrapé el bigote y me subí al carro, decidí tenerlo dentro del carro, entre el tablero y el *windshield*. Tener el bigote ahí me dificultó la vista, y además tenía que evitar que se deslizara al asiento del pasajero. Decidí llamar a mi hermano y pedirle consejos sobre qué hacer con el bigote.

"Sí", dijo cuando le conté los problemas que tenía con el bigote. "Vas a tener que comprar más velcro para asegurarlo a tu *bumper*, sino va a estar *all over the place*".

"Pero en las instrucciones dice claramente que solo puedo usar los dos lazos que recibí", le dije.

"¿Y qué tal te va con eso?", respondió.

"Va, está bueno, pues".

Pero sabía que tenía que quebrantar algunas reglas si quería tener una carrera exitosa como conductor de una aplicación de viajes compartidos.

❖

Gomez

Al menos, pensé, no me voy a perder en la ciudad.

Pensé de esa manera porque llevaba más de veinte años viviendo en Chicago y creía conocer la ciudad. Pero eso fue antes de empezar a trabajar como conductor. Había mucho de la ciudad que aún no conocía.

Por ejemplo, el Lower Wacker Drive. Siempre evitaba ir ahí, porque me parecía que, si no conocías el sector, podrías perderte dentro fácilmente.

Sin embargo, tuve que llevar a uno de mis primeros pasajeros a un hotel ubicado en el centro de la ciudad, y el GPS me dijo que debía ir por Lower Wacker Drive. Al principio pensé que me iba a ir bien. Después de todo, el GPS me diría a dónde ir y qué calles tomar. Pero tan pronto entré a Lower Wacker Drive, perdí la señal del teléfono y el GPS se quedó callado, y quedé a mi propia suerte; tenía que encontrar la salida por mí mismo. Tomé la primera salida que vi, y luego de bajar de la carretera hacia la calle, logré ubicarme dentro de la ciudad. A mi pasajero no le agradó para nada ese viaje tan confuso. En ese momento me prometí a mí mismo que iba a mantenerme alejado de Lower Wacker Drive.

Tu Conductor Ha Llegado

Un par de semanas después recogí a un pasajero en Navy Pier y me pidió que me fuera por Lower Wacker, para así evitar el tráfico del centro de la ciudad.

"Prefiero mantenerme lejos de esa área", le dije. "Mi GPS no funciona ahí y sin él puedo perderme".

"No te preocupes", dijo. "Conozco bien el área. Puedo ser tu GPS y decirte por dónde ir".

El hombre me indicó cómo llegar a Lower Wacker desde los muelles, y me mostró las entradas y salidas de las primeras calles que atravesamos ahí.

"¿Sabías que acá grabaron escenas de *The Dark Knight*?", preguntó mientras avanzábamos.

Había visto esa película de Batman unas diez veces y me di cuenta que lo que decía el hombre era cierto. Con razón esas calles me eran conocidas, a pesar de que casi nunca había pasado por ahí. De repente sentí como que yo era el caballero de la noche, de camino a rescatar a una damisela en peligro. Incluso volteé a ver a mi derecha, a un claro donde podía ver el río Chicago, para ver si había una batiseñal llamándome en el cielo.

"Así es", dijo el pasajero, interrumpiendo mi pequeña fantasía, "grabaron una gran parte de la película por acá".

"*Cool*, ahora podré contarles eso a mis futuros pasajeros", le dije, mientras me sentía menos como Batman y más como Robin, llevando a Batman a su próximo compromiso.

Con la ayuda de ese hombre logré salir de Lower Wacker sin problemas, y luego continué manejando hasta alcanzar su destino.

Sin embargo, al día siguiente recibí un correo de la empresa de viajes compartidos. Resulta que ese pasajero tan amable se había quejado, dijo que no conocía bien la ciudad. Él mandó una queja escrita donde decía que había temido por su seguridad porque yo había sido "imprudente" a la hora de manejar. Incluso dijo que había tenido problemas para entenderme culpa de mi "mal inglés".

Lo peor de todo es que su queja le había restado puntos a mi calificación como conductor dentro de la *app*. A causa de eso, ese fin de semana mis ganancias se redujeron en un 75% porque no recibí el bono que la compañía otorga a conductores con buenas calificaciones.

Unos días después, iba en mi carro cuando recibí una solicitud de viaje. Continué manejando para ir a recoger a mi pasajero, y cuando llegué a la dirección que marcaba mi teléfono, un joven estaba esperándome al lado de la calle.

Esperé que subiera al carro, pero rápidamente él tocó mi ventana y me dijo que había pedido el viaje para su mamá, quien necesitaba que alguien la llevara a la estación de Metra entre las calles Randolph y Michigan. Me dijo que ella necesitaba estar ahí a las 6:00 p.m. Eran casi las 5:45.

Claro, es posible ir de Bucktown (o como yo le digo a esa parte de la ciudad, "Hipster Town") a Randolph y Michigan en quince minutos, incluso en diez, pero no un miércoles por la tarde en plena hora pico.

Se lo expliqué al joven y le dije que tenía que cancelar el viaje porque no iba a ser capaz de llevar a su mamá a su destino en quince minutos. El joven me vio con desesperación, y yo conocía esa mirada. Es el tipo de mirada que haces cuando tu mamá está volviendo loco.

Acepté llevar a su mamá a la estación del tren, pero le dije que probablemente me iba a tomar más de quince minutos llegar ahí.

"No importa, solo llévatela", dijo. "Mi mamá va a tener que tomar el próximo tren. Solo no le digas que va a llegar a tarde o se va a molestar".

"Si tú no le dices, ¡yo no le voy a decir nada!", le respondí. El joven volvió a casa y regresó de inmediato sosteniéndole el brazo a una anciana muy malhumorada. La mujer se quejaba de que las gradas eran muy altas y decía que le parecía una ofensa que tuviera que ir tan deprisa. El joven ayudó a subir a su madre a mi carro y luego con una gran sonrisa en el rostro se despidió de ella.

No entendía cómo ese muchacho podía sonreírle a una mujer que era tan grosera con él.

"¿Sabes a dónde vamos?", me preguntó la mujer. Pero antes de poder responderle, añadió, "Pon esa cosa del GPS, así no te pierdas".

Tu Conductor Ha Llegado

Puse la dirección de la estación de tren en el GPS y la voz dijo, "Vas a llegar a tu destino a las 6:20 p.m.".

"¿6:20?", dijo la mujer. "Culpa de ustedes siempre llego tarde a mis compromisos".

Me enojó mucho lo que dijo. Me enojó que el GPS le dijo a la mujer que íbamos a llegar tarde y me enojó que ella dijera "Culpa de ustedes". Bueno, no sé si lo dijo porque soy latino, porque soy una persona de color o porque trabajo para una aplicación de viajes compartidos. Pero en ese momento decidí que iba a llevar a esa mujer a su destino a las 6:00 p.m. Le iba a mostrar que "nosotros" somos capaces de hacer un buen trabajo. Incluso si no sabía a quién se refería ella cuando dijo "Culpa de ustedes".

Empecé a manejar y tanto la mujer como el GPS me dijeron que tomara la autopista exprés.

Los ignoré a ambos y pasé a un lado de la autopista.

De inmediato, la mujer y el GPS me dijeron que hiciera una vuelta en U hacia la autopista.

"¡Escuchen, ustedes dos!", dije. "Es hora pico. Si me meto en la autopista, nunca vamos a llegar a tiempo a la estación de tren. Voy a tomar otra ruta".

"*Fine*", dijo la anciana. "Pero más le vale que llegue a tiempo".

"Recalculando", dijo el GPS.

Así que conduje por una calle al lado de la autopista. Fui lo más rápido posible, pero no tan rápido como para que la mujer se quejara que iba demasiado rápido. Cuando llegamos al final de la calle, tomé una de las calles aledañas y luego otra, y luego un callejón. Mientras tanto, la voz del GPS seguía diciendo, "Gira a la izquierda… Recalculando. Gira a la derecha… Recalculando". Y la anciana seguía quejándose de que estaba perdido.

Finalmente estaba a punto de llegar a la calle Randolph, pero como tenía ir hasta el este, y Randolph es una calle de una sola vía que lleva hacia el oeste, giré a la izquierda en la calle Lake. Me arriesgué porque usualmente Lake está lleno de tráfico, pero por algún motivo ese día la calle Lake estaba casi vacía. Y así, llegué hasta la avenida Michigan cinco minutos antes de la hora acordada.

O eso pensaba.

Tu Conductor Ha Llegado

Giré a la derecha sobre Michigan, y estábamos a tan solo una calle de la estación del tren y con pocos carros delante nuestro, pero el semáforo estaba en rojo. Faltaban cuatro minutos, tres minutos, y el semáforo se puso en verde. Pero los carros apenas y se movieron, y la luz roja volvió a bloquear nuestro camino. Faltaban dos minutos, faltaba un minuto y la luz volvió a cambiar a verde. Atravesé la intersección y me parqueé frente a la estación del tren a tiempo que el reloj marcó las 6:00 p.m.

"¡Lo logramos!", dije.

"¿Cómo así que '¡Lo logramos!'?", dijo la anciana. "Todavía tengo que llegar a mi tren. "Culpa de ustedes siempre llego tarde a mis compromisos".

No dije nada. El GPS tampoco dijo nada. Supongo que el GPS estaba tan sorprendido y ofendido como yo.

Una de las más grandes ventajas sobre llevar a gente de un lado a otro, es que pude conocer bien la ciudad. Pensé que conocía Chicago, pero luego llegué a conocer bien calles como el Lower Wacker Drive, y el Upper y Lower Michigan, y la calle Illinois. Y las autopistas. Y la Plaza Logan, Plaza Palmer y Plaza Lincoln. El sector norte, sur y este. Llegué a entender esta maravillosa ciudad que es tan nuestra.

No todos los viajes eran tan malos como los que tuve con esas dos mujeres locas. Pero algunos eran incluso peor.

Una vez recibí una solicitud de un tipo que estaba al otro lado de la calle donde me había parqueado a esperar un próximo viaje. Di la vuelta en U para ir al otro lado de la calle y recogerlo, pero calculé mal y me subí a la acera. Pero fue un poco, no más. Bueno, no es cierto. Sí me subí a la acera.

Luego de unos saltos y meneos, logré parquear el carro frente al hombre para que se subiera. De inmediato empezó a reclamarme por haber girado en U. Se quejó que yo era un peligro al volante y dijo que debería apagar la radio para así poner más atención al camino. Lo apagué y él me preguntó de dónde era.

"*Are you Mexican?*" dijo, "¿Eres de México?", como si eso significara que yo era un mal conductor.

"De hecho, soy de Guatemala", le dije. "Mi primera esposa era de México", añadí, intentando tener una conversación casual.

"¿Y tuvieron muchos hijos?", dijo. "Los mexicanos siempre tienen muchos hijos".

"Bueno, México es un país católico, y su religión prohíbe los anticonceptivos y los abortos. Pero no, solo tuvimos dos hijos". Intentaba no sonar muy molesto. "Pero no te preocupes", añadí. "Me divorcié de mi esposa mexicana y me casé con alguien más".

"*Oh*", dijo. "¿Y de dónde es tu segunda esposa?".

"También era mexicana", respondí.

"*No kids?*" preguntó. "¿No tuvieron hijos?".

"No. Ella quería tener uno, pero yo ya había decidido que tener dos hijos era suficiente. Eventualmente eso nos alejó al uno del otro y también nos divorciamos".

"Bien por ti", dijo, lleno de confianza. "Los mexicanos que vienen a este país son todos narcotraficantes y violadores que viven de los programas sociales".

Le había dicho a este hombre que mis dos ex esposas eran mexicanas, y que mis hijos obviamente eran mitad mexicanos. Pensarías que él sería capaz de deducir que yo tengo amigos mexicanos y que no iba a dejar que insultara a los mexicanos solo porque yo no era uno de ellos.

Le dije que conozco a mucha gente de México, y que la gran mayoría son personas trabajadoras que han venido a este país para brindarles una mejor vida a sus seres queridos, y que el único delito que han cometido en sus vidas es cruzar una frontera de forma irregular.

"Pero tú eres de Guatemala", dijo, "los guatemaltecos son diferentes".

"¿Diferentes cómo?".

"Los guatemaltecos vinieron a este país como refugiados, a causa de la guerra en su país, ¿no?", respondió.

"De hecho", le dije, "yo entré a México como indocumentado, y luego llegué a Estados Unidos, también de forma irregular, así que yo soy dos veces peor que los mexicanos".

Empezó a decir que las personas le faltan el respeto a la bandera confederada y que los grupos minoritarios se están apoderado del país. Me dijo que debí haber solicitado una visa en vez de haber cruzado la frontera sin papeles, pero no quiso escuchar cuando le dije que algunos de mis parientes en Guatemala llevan más de veinte años esperando para recibir su visa. "Por eso algunas personas no pueden esperar tanto y deciden venir a este país de forma irregular", dije.

"Vamos a ponerle un fin a todo esto", respondió. "Vamos a hacer que Estados Unidos vuelva a ser un gran país luego de terminar de construir un muro que mantenga a todos los indocumentados fuera. *We're going to make America great again!*".

No tenía nada más que decirle. Sus comentarios ya habían construido un muro entre él y yo. Quería orillarme, darme la vuelta y darle un golpe en la cara. Pero sabía que si lo hacía podía perder mi trabajo como conductor, meterme en problemas con la policía e incluso perder la pelea y recibir una paliza. Pero lo más importante es que sabía que, si iniciaba una pelea con ese hombre, solo le iba a dar más razones para odiar a los inmigrantes.

Continué manejando e intenté llevarlo a su destino lo más rápido posible. Cuando llegamos, él hizo una pausa antes de salir del carro y me dijo que no era un racista, que lo único quería era que Estados Unidos de nuevo fuera un gran país.

Aceleré y me estacioné a unas calles de distancia, mientras intentaba calmarme. Estaba tan molesto que incluso empecé a temblar. Tenía ganas de simplemente cerrar la aplicación e irme a casa. Después de todo, ese hombre acababa de arruinar mi noche y estaba tan molesto que seguramente les respondería de forma grosera a mis siguientes pasajeros. Estaba a punto de apagar mi teléfono cuando recibí una nueva solicitud. Como el cancelar solicitudes le resta puntos a mi puntaje, y con eso disminuye mi paga, entonces decidí aceptar a ese siguiente pasajero y luego irme a casa. Continué manejando para ir a recoger a mi nuevo pasajero, y vi que había tres hombres blancos esperándome.

Now there's three of them, pensé. Ahora son tres. Pero luego me di cuenta que no debía comportarme de esa manera. No podía juzgar a un grupo de personas por las acciones de un individuo. Así que me vi en el espejo y me acerqué a ellos para recogerlos.

Los hombres entraron a mi carro y les pregunté si podía escuchar NPR mientras manejaba. Los tres dijeron que les encantaba NPR.

"Gracias a Dios", les dije. "Mi último pasajero no sabía nada de NPR. A él solo le interesaba eso del *Make America great again*".

Me preguntaron si estaba bien, y empecé a contarles lo que había pasado. Para cuando les dije que yo era dos veces indocumentado, todos nos estábamos riendo.

Al final me di cuenta que a pesar de que hay muchas personas hostiles en el mundo, muchos *haters*, y que por cada uno de ellos hay tres, o hasta diez, o incluso muchas personas más con mente abierta que intentan mejorar no solo a Estados Unidos, no solo *America*, sino a todo el mundo, intentan que el mundo entero sea un mejor lugar para todos.

Después de unos meses de manejar por una compañía de viajes compartidos, apliqué también para ser parte de la competencia. No solo recibí otro bono de quinientos dólares cuando esa segunda compañía me aceptó como su conductor, sino que me dio la oportunidad de trabajar más horas y de cambiar de una app a la otra, cuando una me ofrecía una mejor paga. Trabajé durante las fiestas de fin de año y puse música navideña en la radio. Para fin de año llevaba silbatos y matracas para hacer ruido, y gorras y sombreros para celebrar el Año Nuevo, y claro, para *St. Valentine's* les entregaba rosas a las mujeres.

Durante el fin de semana del Día de San Patricio, mi novia me preguntó si también había decorado el carro.

"Claro", le dije.

Sin embargo, los únicos adornos que tenía en mi carro eran unos cobertores de plástico que había puesto en los asientos por si alguien vomitaba dentro.

Gomez

A estas alturas sabrás que no soy irlandés. Además, no me gusta llevar borrachos en mi carro. Por eso no me emocionaba la idea de trabajar durante el Día de San Patricio.

Empecé mi turno el viernes por la noche, y el primer pasajero que acepté estaba muy ebrio. Casi vomita dentro de mi carro. El segundo pasajero vomitó justo antes de abrir la puerta. El tercero vomitó tan pronto llegamos a su destino. El siguiente se veía tan pasado de copas que decidí no aceptar su solicitud. Más bien cancelé la solicitud y me fui a casa, sin preocuparme demasiado si eso iba a afectar mi puntaje. Decidí levantarme temprano el día siguiente en vez de intentar evitar a los borrachos toda la noche.

El sábado en la mañana, decidí adoptar medidas drásticas para recuperar el dinero y tiempo que había perdido la noche anterior. Decidí adoptar un espíritu acorde a las fiestas. Entonces no solo decoré el carro, sino me vestí de verde, me puse unos pantalones verdes y una camisa verde, calcetines y hasta zapatos verdes. Además, me puse una enorme gorra verde. Fui incluso a la tienda a comprar chocolates en forma de monedas de oro, los cuales puse dentro de una cubeta para

Tu Conductor Ha Llegado

hacer como que era la olla de oro de un duende. Mi plan era entregársela a los pasajeros tan pronto se subiera a mi carro.

Pronto recibí la primera solicitud de viaje y manejé hasta donde estaba mi pasajera. Cuando llegué vi que era un grupo de chicas universitarias. Me bajé del carro y les abrí la puerta. Ofreciéndoles chocolates les dije en mi mejor acento irlandés, "*Would you like some of me gold?*—¿Les gustaría un poco de mi oro?".

"*Oh my God!*", dijeron. "Nunca antes habíamos visto a un duende mexicano".

Usualmente un comentario así me hubiera molestado muchísimo, pero me costó trabajo enojarme con un grupo de chicas tan guapas que solo querían pasar un buen rato. Especialmente porque querían tomarse fotos conmigo. Así que acepté a tomarme fotos con ella. Pensé que el cliente siempre tiene la razón.

Parecía como que las prendas verdes que llevaba puestas me iban a traer buena suerte. Y así fue. Tuve una mañana muy ocupada, llevando a pasajeros de un lado a otro sin descanso.

Gomez

A eso de la 1:00 p.m. recibí una solicitud de alguien que quería que lo recogiera entre las calles Michigan y Randolph. Empecé a conducir hacia allá sin darme cuenta que iba de camino a donde estaba el desfile del Día de San Patricio.

Conforme me acercaba al desfile, era obvio que no iba poder recoger a mi pasajero tan fácilmente. Pero de alguna manera, logré acercarme a Michigan y Randolph, detuve el carro y le envié un mensaje de texto, "¿Dónde estás?".

"Estoy en Michigan y Randolph," respondió.

Había cientos de personas en Michigan y Randolph. "¿Qué llevas puesto?" le escribí.

"Una gorra verde", dijo.

Todos llevaban gorras verdes. Incluso yo llevaba puesto una gorra verde.

Justo en ese momento vi a la persona que había pedido el viaje, saludándome desde la avenida Michigan. Vi que había un espacio entre la gente y sin pensarlo, avancé hacia él.

Al mismo tiempo que el pasajero se subió a mi carro, dos policías voltearon a verme. De repente me di cuenta que había dado una vuelta ilegal, y que ahora mi carro era parte del desfile. Los policías empezaron a caminar hacia nosotros.

Volteé a ver al pasajero, tomé varias monedas de chocolate de mi olla de oro y se las di a él.

"¿Qué se supone que haga con todo este chocolate?", preguntó.

"¡Tíraselo a la gente!", le dije. Bajé las ventanas de mi carro y tomé otra mano de chocolates y ambos empezamos a tirárselas a la multitud que estaba afuera.

Los policías voltearon a verme y vieron mi gorra verde, mi ropa verde y las monedas de oro que tenía en las manos. Luego se vieron entre sí, como intentando averiguar si yo era parte del desfile o no. Les tiré unas monedas y ellos las atraparon, sonriendo, y yo simplemente continué manejando.

Sin embargo, esa no fue la última vez que tuve que lidiar con la policía.

Usualmente no me gustaba llevar pasajeros al aeropuerto. A pesar de que ir allá prometían viajes largos y bien pagados, no siempre significaba que iba a recibir alguna solicitud para llevar a un pasajero de vuelta a la ciudad. A veces recogía pasajeros cerca del aeropuerto que querían ir aún más lejos, como a uno de los suburbios cercanos. Luego recibía otra solicitud y otra más. Eventualmente tenía que apagar la app y regresar a la ciudad sin pasajero. Ese viaje de vuelta no me generaba ningún tipo de ingreso, y además gastaba mi tiempo y gasolina.

Un día mientras manejaba cerca del Lakefront Trail, recibí una solicitud de un grupo de personas que quería ir al aeropuerto.

"Es la primera vez que venimos a los Estados Unidos", me dijeron mientras se subían al carro.

Gomez

"¿Tienen prisa de llegar a su destino?", les pregunté. Quería asegurarme de no tener que ir aprisa para que estas personas llegaran a tiempo a tomar su vuelo.

"De hecho vamos temprano", respondieron.

Los llevé al aeropuerto, pero cometí el error de tomar la salida a *arrivals*—llegadas en vez de *departures*—salidas.

Pedí disculpas y me ofrecí a llevarlos al sitio correcto, al otro lado del aeropuerto.

"Voy a apagar la app", dije, "así no les cobran más dinero por mi error".

"¡No tienes que hacer eso!", dijeron. "Solo no cometas ningún error esta vez".

Aun así, apagué la aplicación.

Conforme empecé a alejarme de salidas, vi que una radiopatrulla iba detrás de mí. Esta encendió las luces y me pidió que orillara.

"¿Por qué recogiste a esos pasajeros?", preguntó el oficial tan pronto se apareció frente a mi ventana.

"Porque querían ir al aeropuerto", respondí, confundido.

"¿Los recogiste en la terminal?", preguntó el oficial.

"No, los recogí cerca del lago", respondí. "Los estoy llevando a *departures*".

"No me mientas", dijo el oficial. "Vi que estabas en aquella terminal".

Uno de los pasajeros intentó razonar con el agente. "Oficial, nos recogió cerca del lago, pero se equivocó de salida".

"No te pregunte a ti", respondió muy enojado, y ni siquiera volteó a ver al pasajero que había hablado con él. "A ver, dame tu teléfono", me dijo. Cuando vio que mi teléfono ya no estaba registrando el viaje agregó, "¿Apagaste la aplicación tan pronto te pedí que te orillaras?".

"La apagué porque no quería cobrarles de más por mi error", dije.

"Si me estás mintiendo, te vas a meter en un gran problema. Más te vale que me digas la verdad".

"No estoy mintiendo".

"Dame tu teléfono", el oficial le dijo al pasajero que intentó hablar con él.

Por suerte el pasajero no había cerrado la aplicación y el viaje aún aparecía en su teléfono.

"Ya veo, te equivocaste de salida", dijo el oficial.

"Por eso iba a darle la vuelta al aeropuerto", dije. "No sabía que eso era un delito".

"El delito es recoger pasajeros en el aeropuerto, ¿o acaso no sabías eso?".

"Para nada", respondí. Aparentemente la ciudad había aprobado una nueva ley luego que las compañías de taxi se habían quejado que las compañías de viajes compartidos se adueñaban de todos los pasajeros que salían del aeropuerto, pero yo no había escuchado nada al respecto.

De hecho, tuve suerte de haber tomado la salida equivocada y que me detuviera en ese momento. De lo contrario hubiera intentado recoger un pasajero nuevo luego de ir a dejar al grupo que llevaba, y entonces sí me hubiera metido en un gran problema. En ese entonces, los conductores que recogían pasajeros en el aeropuerto recibían una multa muy costosa e incluso las autoridades podían decomisar sus vehículos.

En vez de eso, pude ir a dejar mis pasajeros a *departures* y apagué la aplicación mientras llegaba a la ciudad, pues tenía toda la intención de mantenerme lo más lejos posible del aeropuerto y la policía.

Sin embargo, apenas unas semanas después, las luces de otra radiopatrulla aparecieron en mi retrovisor.

Ocurrió tarde una noche que estaba esperando a que el semáforo diera verde y yo pudiera girar a la izquierda en una intersección. Escuché que la aplicación me avisó que había recibido una solicitud de viaje. Revisé mi teléfono y vi que el pasajero estaba a unas pocas cuadras delante de mí.

Sin pensarlo mucho, decidí finalmente no girar a la izquierda. En vez de eso, apreté el acelerador y manejé hacia delante. Sin embargo, no vi que había una radiopatrulla al otro lado de la calle, frente a mí, a punto de girar a su izquierda. Conforme empecé a avanzar, la radiopatrulla giró hacia mí. Por suerte ellos iban despacio y me esquivaron mientras yo pasaba a un lado de la intersección.

Aun así, sabía que me había metido en problemas.

Volteé a ver mi retrovisor justo a tiempo, pues el piloto de la radiopatrulla encendió las luces, indicando que tenía que orillarme.

Ni siquiera esperé a que me alcanzaran. Simplemente me orillé al lado de la carretera.

"¿Qué demonios te pasa?", gritó el oficial tan pronto se asomó a mi ventana.

"Lo siento, oficial", dije.

Beep! Beep! Beep! Mi teléfono seguía avisándome que estaba cerca de mi próximo pasajero.

"Claro, estás muy ocupado intentando ir a traer a tu próximo pasajero como para manejar con cuidado", dijo el oficial, viendo mi teléfono. "Apaga esa mierda".

"Perdón, oficial", le dije y apagué mi teléfono.

"Dame tu licencia y tus papeles del seguro", ladró. Cuando le di mis documentos él remató, "Reza para que no encuentre nada a tu nombre".

"Perdón, señor", dije una vez más.

Unos minutos después volvió a mi lado.

"Todo está en orden", dijo. "Pero aun así voy a dar tantas multas como pueda. Casi me matas. ¿Qué diablos te pasa?".

"Lo siento, oficial", dije.

"Deja de disculparte", dijo. "Eso no te va a ayudar. ¿Acaso sabías que…?".

Antes de que pudiera de terminar de hablar, su intercomunicador empezó a sonar; había algún tipo de emergencia cerca.

El oficial volteó a verme, me devolvió mis papeles y dijo, "Vete de aquí".

Segundos después se fue.

Volví a encender mi teléfono, pero la persona que me estaba esperando ya había cancelado el viaje.

"Tengo que tener más cuidado", me dije a mí mismo. "Sé que no tengo que hacer estas cosas".

Me alejé dándole gracias al cielo que no había perdido mi carro, mi vida y la vida de alguien más por llegar a mi destino deprisa.

Pensé en irme a casa, pero unos minutos después recibí una nueva solicitud y pronto la acepté. Me aseguré de manejar con calma, de no ir muy rápido y seguir todas las indicaciones viales, sin hacer cambios repentinos o vueltas en U que no eran permitidas.

Recogí a mis pasajeros y aceleré, pero tan solo unos minutos después, de nuevo otra radiopatrulla me pidió que me orillara.

"¿Por qué te están parando?", dijo uno de los pasajeros.

"No has hecho nada malo", añadió el otro.

En parte tenían la razón. En cuanto a ese viaje se refiere, no había cometido ni un solo error.

Pero no pude evitar pensar que el mismo oficial de la vez pasada estaba detrás de mí. Quizás la emergencia por la que lo habían llamado resultó ser una falsa alarma e iba a recibir todas esas multas después de todo.

"¿Sabes por qué te pedí que te hicieras a un lado?", me preguntó el oficial.

No era el mismo oficial que me había detenido antes. "De hecho, no, no lo sé", le respondí.

Tu Conductor Ha Llegado

Resulta que habían vencido mis placas, y ni siquiera me había dado cuenta.

"¿No puede dejarlo ir, oficial, solo con una advertencia?", dijo uno de mis pasajeros, pero el oficial siguió escribiendo.

Les di las gracias por su apoyo y luego le pregunté al oficial si aun podía llevar a mis pasajeros a su destino.

"Si algún otro oficial te detiene, solo muéstrale esta multa", dijo y me la entregó, y antes de irse agregó, "y asegúrate de renovar tus placas".

Luego de ir a dejar a mis pasajeros, cerré la aplicación de viajes y fui de camino a una oficina de cambio y renové mis placas, y obtuve un *money order*, un giro postal para pagar la multa que había recibido.

Después de eso, regresé a casa. A pesar de la pérdida financiera, había tenido suerte. No quería volver a tentar la suerte.

Nunca sabes lo que va a pasar en un viaje. Las cosas ocurren tan de repente que sin saberlo formas parte de la vida de tus pasajeros. A veces, eres capaz de hacer la vista gorda cuando una pareja empieza a besarse o a discutir en la parte de atrás, pero es más difícil ser objetivo cuando te piden tu opinión, especialmente cuando sus opiniones son tan diferentes a la tuya.

Iba de camino a Lakeview a recoger un pasajero. Me detuve enfrente de lo que parecía ser una casa valorada en un millón de dólares. Tres hombres blancos salieron de ella y empezaron a caminar hacia mi carro. Los tres llevaban gorras de béisbol y camisas de basquetbol, y llevaban los pantalones tan abajo que podía verles su ropa interior. Vestidos así, saliendo de una casa tan lujosa, parecía como que iban camino a una fiesta de disfraces, pero aún hacía falta tiempo para Halloween.

Entraron a mi carro. Uno de ellos se sentó en el asiento del copiloto y los otros dos se sentaron atrás.

Antes de poder preguntarles su destino, el hombre que estaba a mi lado cambió la estación de la radio. De forma intuitiva voltee a ver como diciendo, *Dude*, no toques mi radio.

Claro, sé que debo ceder ante las solicitudes de los pasajeros, pero este tipo no me dijo nada. Él simplemente asumió el control de la radio, y la regla de oro es: no te metas con la radio del conductor. Yo veía a este tipo con odio, pero parecía que él no entendía el mensaje, pero como tenía un puntaje de cinco estrellas que quería mantener, decidí no hacer nada al respecto. Quizás no sabía que no debía tocar el radio del conductor.

En vez de responderle, le ofrecí un cable para que conectara su teléfono y pusiera sus canciones favoritas. Pero tan pronto empecé a manejar, él puso música gangsta rap. No tengo nada en contra de ese género musical, y creo firmemente que todos deberían escuchar el género de música que quieran, pero pronto estos tipos empezaron a cantar junto a las canciones. Sé que algunos hombres blancos pueden cantar rap: Eminem, Vanilla Ice... Ok, solo ellos. Pero estos tipos sonaban más como un grupo de despistados, borrachos y sordos Vanillas Ice.

Los vi con enojo mientras repetía en mis adentros, *They don't know any better.* No saben lo que hacen.

Unas canciones más tarde, volteé a verlos en el retrovisor y todos habían movidos sus gorras en direcciones opuestas. La gorra de uno apuntaba a la izquierda, la de otro apuntaba a la derecha y el tipo que estaba a la par mía llevaba su gorra hacia atrás.

Pensé entonces, Si estos tipos realmente vivieran en algún barrio, se matarían los unos a los otros. Cada uno de ellos lleva puestas las gorras de modo que los identificaría como parte de diferentes pandillas. Serían rivales.

Me repetía una y otra vez a mí mismo, Necesitas tu calificación de cinco estrellas. *They don't know any better.* No saben lo que hacen.

Empezó otra canción y los tres bajaron las ventanas y empezaron a hacer señas fuera del carro. El semáforo me indicó que parara y volteé a verlos con odio en los ojos, pero igual no entendían lo que quería decirles.

"¡Ya basta!", finalmente les dije. "No pueden hacer esas señas por la ventana, ¿están locos?".

"¿Estamos en un barrio peligroso?", preguntó uno de ellos.

"¿No van a disparar?", dijo otro.

El último dijo nada, solo se agachó en su asiento, por si acaso alguien fuera a dispararles.

"No, no estamos en un barrio peligroso", les dije muy molesto y aun viéndolos. "Estamos en Bucktown, y acá solo hay hispters". Pero lo que realmente quería decirles es: Sí, alguien va a venir a dispararles, no porque estemos en un barrio peligroso, sino porque se ven como un montón de idiotas haciendo señas desde un carro que lleva música gangsta rap. *Are you crazy?* ¿Están locos?

Pero como me preocupaba aun mantener mis cinco estrellas, simplemente les dije que tenía que mantener las ventanas arriba para atrapar dentro del aire acondicionado. Luego subí las ventanas y les puse el seguro a todas ellas.

Tu Conductor Ha Llegado

Estaba apenas a un par de calles de su destino cuando empezó a sonar una canción que es famosa porque el rapero dice muchas veces la palabra que empieza con N. Mis pasajeros se emocionaron mucho por esa canción, y aumentaron sus ademanes y empezaron a actuar como si fueran extras de un video de rap. Cuando sonó la primera palabra con N, claramente escuché el *beep* de la estación de radio que la censuró, pero los tres tipos la gritaron con fuerza, y la repitieron una y otra vez.

Hice el carro a un lado y volteé a verlos con veneno en los ojos. Esa vez sí captaron el mensaje.

"Solo estábamos cantando la canción, *bro*", dijo uno de los tipos.

"Pasé a traerlos a Lakeview, vamos de camino a Wicker Park. No son más que un montón de yuppies y no tienen nada de calle", les dije; estaba muy molesto. "¡Pero incluso si tuviera un poco de calle, incluso si fueran a Englewood o Humboldt Park, o aunque sea a Hyde Park, ni así deberían usar la palabra con N! ¡Yo soy latino, una persona de color, y ni yo puedo decir la palabra con N! Solo los afroamericanos pueden decirla".

"*Dude*, ni siquiera eres negro. ¿Por qué te molesta tanto?", preguntó otro de los hombres.

"No soy negro", dije. "Pero soy latino. Una persona de color. Tenemos muchas luchas compartidas".

"Bueno, vas a tener muchos problemas porque me voy a quejar de ti y darte una calificación de una estrella", dijo el último.

Incliné la cabeza como diciendo:

Uno: Ahorita me importa un *beep* las estrellas o mi puntaje.

Y dos: Se tienen que bajar de mi *beep* carro ahora mismo.

Entendieron el mensaje. Los tres se bajaron del carro y no dijeron ni una palabra más.

Avancé las próximas dos calles con mi puño derecho en el aire.

Mantuve mi trabajo de día. Además, trabaja las tardes y fines de semana como conductor para dos compañías de viajes compartidos. Quizás estaba trabajando demasiadas horas y dormía muy poco, pues pronto empecé a perder la paciencia con algunos de mis pasajeros.

Una vez recogí a tres tipos que iban de camino a un bar. Se sentaron atrás y empezaron a hacer bromas entre sí.

Empecé a manejar sin ponerle mucha atención a la conversación. De repente, frente a un semáforo en rojo, vi que uno de ellos había bajado su ventana y le estaba chiflando a una mujer que iba en la acera.

Cerré la ventana sin decirle nada.

Conformé aceleré, escuché que el tipo bajaba de nuevo la ventana. Esta vez los tres hombres le gritaban comentarios inapropiados a una mujer que iba por ahí.

"Oye, oye, oye, ¿cómo te llamas?", gritó uno de ellos.

"No importa cómo te llames, ¡dame tu número de teléfono, mi amor!", gritó otro.

El tercero le pidió a la chica algo más que su número de teléfono, y los tres empezaron a reírse y a chocarse las manos.

"¿Les importaría mantener las ventanas cerradas?", les pregunté mientras cerraba las ventanas desde mi asiento.

"¿Por qué?", preguntó uno de los hombres.

"Bueno", dije, "el aire acondicionado está encendido y las ventanas deben permanecer cerradas".

Un par de calles después, uno de los hombres de nuevo bajó la ventana y empezó a molestar a una mujer que iba caminando por la calle.

De nuevo cerré la ventana, pero esta vez me aseguré de ponerle el seguro para así evitar que volvieran a bajarlas.

Sin embargo, eso no evitó que empezaran a molestar a otra mujer unos minutos después. Esta vez, empezaron a golpear la ventana y a hacer gestos obscenos a través del cristal.

"¿En serio creen que a una mujer le gusta escuchar ese tipo de comentarios?", dije, viéndolos desde mi retrovisor.

"Claro que sí", respondieron todos. "¡Les encanta!".

"Yo solía pensar igual que ustedes", les dije. "De hecho, cuando era adolescente, solía esconderme fuera de mi casa mientras esperaba a que mi madre regresara de trabajar, y yo corría para quitarle su bolso y así asustarla. Pensaba que era divertido, pero nunca pensé que me pudo haber visto un policía y haberme metido en problemas sin siquiera poder explicar lo que estaba haciendo. O como mi mamá iba caminando sola de noche, mis bromas pudieron haberle dado un ataque al corazón. O que podía hacerla enojar y una vez llegáramos a casa, me podía matar a golpes".

"Eso es diferente", dijo uno de los hombres. "Lo tuyo era un juego tonto que jugabas con tu mamá. Lo que hacemos nosotros es darle cumplidos a las mujeres por verse bien".

"Pero ese juego tan inmaduro y mis actitudes de niño se quedaron conmigo hasta que era un joven adulto", dije. "Para entonces, siempre que veía a mis compañeras de trabajo, me escondía donde sea, y luego desde mi escondite empezaba a molestarlas. 'Oye, *baby*, ¿cómo te llamas?'. Y luego cuando me daba cuenta que les molestaba, salía de mi escondite y les decía, sonriendo 'Soy yo, soy yo. Seguro pensaste que era algún pervertido molestándote'. Era un ignorante y no sabía que por mis bromas yo también era un pervertido.

"Y esto solo empeoró", dije. "Una vez estaba en una fiesta con mi novia cuando perdí mi teléfono. Unos días después mi novia fue a la casa de su hermana, a cuidar de su sobrina. Ese día encontré mi teléfono; un amigo lo había tomado por accidente y luego me lo devolvió. Pero no llamé a mi novia para decirle que había recuperado mi teléfono, en vez de eso pensé que sería chistoso hacerle una broma a mi novia. 'Hola, nena', le envié un mensaje de texto desde mi teléfono. '¿Quién habla?', respondió ella, pues no sabía que había recuperado mi teléfono. '¿Quién eres?'. Yo le respondí, '¿Estás sola?'.

"Seguí enviándole mensajes de texto a mi novia como si fuera un extraño que encontró mi teléfono e intentaba tener una plática con ella. Mientras yo me reía de mi broma, mi novia se preocupaba más y más. Ella pensó que alguien había encontrado mi teléfono y estaba acosándola mientras ella cuidaba de su sobrina de dos años en la casa de su hermana, en la cual alguien había entrado a robar unos días antes.

"Al día siguiente, cuando se enteró que había sido yo quien le estaba enviando mensajes de texto, ella se molestó muchísimo. 'Solo era una broma', dije. '¿Tienes idea de lo preocupada que estaba?', dijo ella. 'Pensé que alguien quería ir a la casa de mi hermana a hacernos daño a mí y a mi sobrina. Fue una broma estúpida y muy peligrosa, ¿lo sabías?'.

"Me disculpé. Tuve suerte que ella no terminó conmigo ese día", le dije a los hombres. "De hecho, aún estamos juntos, y he estado intentando ser una mejor persona. Como el otro día que llegué a la casa y ella dijo, '¿Eres tú, mi amor?', dijo. 'Sí', le respondí. 'Me alegra que ya estés de vuelta', dijo ella. '¿Me extrañaste?', le dije, listo para meterme en la cama. 'Sí', dijo ella, 'y hay que sacar a los perros'.

"Al principio me molesté con ella. Pero luego me di cuenta que era mejor si yo sacaba a los perros, pues era muy peligroso que ella lo hiciera.

Después de todo, como soy hombre, hay menos posibilidades que alguien me ataque o que sea víctima de un asalto o acoso a esa hora, en comparación de mi novia". Volteé a verlos. Tenía la esperanza que hubieran aprendido una lección.

"Un momento", dijo uno de los hombres. "¿Tienes novia?".

"Claro", dije.

"Pensamos que eras gay", dijo otro de ellos.

"Escucharon lo que les acabo de decir y lo único que pensaron de mi sermón era que tal vez era gay", dije, molesto.

"*Dude*, ¡empezaste a actuar de forma muy extraña, solo porque estábamos molestando a algunas chicas!".

"Acabo de decirles por qué", les dije. "No creo que deban hacer ese tipo de comentarios. Yo…".

"Oye, ya llegamos", dijo uno de los hombres, señalando al bar que estaba al otro lado de la calle, el cual era su destino. Empezaron a salir del carro antes de que pudiera terminar de hablarles.

Tu Conductor Ha Llegado

Me molestó mucho verlos mientras se cruzaban la calle y se alejaban de mí. No porque pensaron que yo era gay. Ya soy lo suficientemente viejo y, esperaría yo, lo suficientemente maduro como para tener dudas de mi masculinidad. No, me molestó que ellos pensaron que tenían que acosar a varias mujeres para sentirse bien con su masculinidad. Me alejé del bar con la esperanza de que a esos tipos les tomara menos tiempo que el que me tomó a mí para darme cuenta de mis errores, y que así corrigieran sus actitudes y empezaran a actuar de una forma más correcta y honorable.

Una madrugada estaba parqueado en la esquina entre Lake y Racine, esperando a un pasajero, cuando de repente vi a una muchacha caminando por la calle.

Esa parte de la ciudad es muy oscura y no suele haber mucha gente. No es el mejor sector para tomar un paseo, especialmente a las dos de la mañana. De cualquier manera, la muchacha iba hacia el oeste sobre la calle Lake, y mientras caminaba ella volteaba a ver sobre sus hombros, hacia atrás. Luego, de repente, empezó a correr. En vez de ir hacia el sur, de camino a las calles más iluminadas, por Randolph y Washington, ella corrió hacia el norte, hacia Grand, donde están las líneas del tren. No vi que alguien fuera detrás de ella.

Mi instinto me dijo que me ocupara de mis asuntos y me enfocara en manejar. Pero luego me di cuenta que tan pronto la muchacha llegara a las líneas del tren, ella estaría en un callejón sin salida. ¿Qué pasa si alguien en verdad la está siguiendo?, pensé. A esta hora, nadie la escucharía gritar por ayuda.

Avancé hacia el punto donde la vi por última vez. Cuando giré a un lado la vi lejos, corriendo a toda velocidad. Aminoré el paso y puse las luces altas para así iluminar bien la calle donde estaba ella. La muchacha dejó de correr y empezó a ver a ambos lados de la calle, como si estuviera buscando su carro. Pisé los frenos como a media calle de ella y siempre con las luces altas puestas. No quería acercarme a ella. No quería que pensara que yo era un pervertido.

De repente ella empezó a caminar hacia mí. La muchacha se acercó a mi carro e intentó abrir la puerta del pasajero. Bajé la ventana y le pregunté si estaba bien.

"Estoy buscando mi auto", dijo ella. "Pero no recuerdo dónde lo parqueé".

Me dijo dónde había parqueado su carro. Le dije que estaba algunas calles al norte y un par al este. Ella me vio como si le estuviera hablando en otro idioma. "¿Me podrías llevar hasta allá?", dijo ella.

"Solo si envías mi número de placa por mensaje de texto a alguno de tus amigos", le dije.

"¿Por qué?", dijo ella, y le expliqué que siempre debería hacer eso antes de subirse al carro de un extraño. "Pero tu trabajo es llevar gente", dijo, viendo a los emblemas de las compañías de viajes compartidos que tenía en el tablero de mi carro.

Le tuve que explicar que no había solicitado un viaje a través de la aplicación y por lo tanto ella no sabía mi nombre, ni los datos de mi carro. "Se supone que no debo hacer esto", le dije, "pero voy a hacerte un favor, te voy a llevar a tu auto solo porque estamos en un barrio muy peligroso".

Una vez dentro de mi carro, la muchacha me dijo que había estado en un bar cerca de ahí, y que un tipo le había ofrecido un trago. Ella lo rechazó, pero el tipo insistió e insistió. Ella empezó a sentirse incómoda y tomó la decisión de irse a casa, pero pronto se dio cuenta que el tipo salió del bar detrás de ella. La muchacha empezó a caminar más aprisa y sintió como que el tipo estaba siguiéndola. Fue entonces cuando empezó a correr, pero estaba tan nerviosa que se le olvidó el camino de vuelta a su carro.

"Deberías tener más cuidado", dije.

"Lo sé", respondió ella.

"¿Puedes ver tu auto?", le pregunté, tan pronto llegamos al sitio donde ella me dijo que lo había dejado.

Ella me mostró cuál era su carro. Cuando estaba a punto de salir, ella volteó a verme e intentó darme un poco de dinero.

Me negué a aceptarlo. Le dije que tenía hijos, y que eran más o menos de su edad, y que esperaba que algún día, si ellos necesitaban ayuda, pudieran encontrar a alguien que los ayudara.

Vi el carro de la muchacha alejarse. Le pedí a Dios que llegara bien a casa, y le pedí a Dios que esa noche las hijas de todos llegaran bien a sus casas.

Para entonces llevaba casi un año trabajando para las compañías de viajes compartidos.

Ya era tarde cuando fui a recoger a un pasajero. Había un grupo de unos seis hombres en la entrada del bar. Pensé que mi pasajero era uno de ellos.

"Espero que no intenté llevar a todo el grupo", dije en voz alta. "*This ain't no clown car*—Ni que este fuera un auto payaso".

Recordé a mi primer día trabajando como conductor. Tuve que tomar un curso introductorio con un conductor más experimentado el cual me enseñó a usar la aplicación, y me dijo que los pasajeros iban a calificarme al terminar cada viaje. También me advirtió que no debía aceptar grupos grandes porque "Te puede parar la policía y darte una multa", me dijo. "Además, todos tus pasajeros tienen que tener puesto su cinturón de seguridad".

Sin embargo, rápidamente me di cuenta que a no a todos les importa la seguridad. Especialmente los borrachos. Tenía que negarme a encender el carro hasta que alguien se bajara o hasta que cancelaran el viaje en la aplicación y pidieran que un conductor con un vehículo más grande fuera a traerlos.

De repente escuché cuando alguien empezó a tocar la ventana. Era mi pasajero. No iba acompañado, pero era obvio que estaba muy tomado. Se sentó atrás y tan pronto se sentó, empezó a hacer arcadas como si estuviera a punto de vomitar.

"Si alguien vomita en tu auto", me dijo el instructor, "asegúrate de tomarles una foto y otra del daño causado, para que así puedas cobrar un *fee* de limpieza de trescientos dólares".

Saqué me teléfono por si acaso tenía que tomar una foto de mi pasajero. Pero en el último momento él abrió la puerta y vomitó en la calle.

En la aplicación vi el destino de mi pasajero, pero igual le pregunté a dónde iba, solo para estar seguro.

"Siempre, siempre, pregunta el destino", me dijo el instructor. "Especialmente si tu pasajero está borracho. No quieres llevarlos a otro lugar y que luego ellos te echen la culpa".

"Sí, sí", dijo mi pasajero y empecé a manejar. Pronto él empezó a roncar.

"Si tu pasajero se duerme", me dijo el instructor, "no intentes aprovecharte de la situación y tomar otras calles para alargar el viaje. Al día siguiente ellos siempre pueden revisar la aplicación y ver la ruta que tomaste".

"¿Y qué hago para despertarlos?", le pregunté a él. "¿Puedo moverlos o tocarlos?".

"Solo si quieres una demanda", respondió él. "Lo que tienes que hacer es hablar con ellos y darles unos minutos para que despierten".

Pero como ya llevaba varios meses trabajando como conductor, sabía que era imposible despertar a los pasajeros borrachos. Así que cuando llegamos al destino final de mi pasajero, me estacioné, encendí la radio y subí el volumen al máximo. Mi pasajero de repente se despertó y vio a su alrededor con una mirada de confusión en los ojos.

"Ya llegamos", dije. Pensé que si mi instructor pudiera verme estaría muy orgulloso de mí.

Justo en ese momento mi pasajero salió del carro hacia el frío invierno, dio un par de pasos de borracho y cayó de frente en montículo de nieve que estaba sobre la acera.

Mi instinto me dijo que me fuera.

Se supone que no debes tocar a tus pasajeros, escuché mis pensamientos conforme salía del carro para ayudar al tipo. Yendo en contra de mi buen juicio, agarré al hombre de su chaqueta y lo ayudé a ponerse de pie. Se apoyó en mí para no caer de nuevo.

"Eso que hiciste con la radio, para despertarme", dijo, "fue un buen truco".

"¿De qué hablas?", le dije.

"Yo no te dije que lo hicieras", dijo, sonriendo.

Lo vi fijamente; estaba en shock.

"¿No me reconoces?", dijo. "Fui tu instructor".

Tenía la razón.

"Y debo decirte", continuó, "has avanzado mucho".

"Gracias", dije. "Pero de momento preocupémonos por ti. ¿Puedes llegar a tu casa?".

Dijo que no con la cabeza, así que lo ayudé a llegar a la puerta de su casa. Me quedé ahí parado mientras él intentaba meter la llave en la cerradura. Al final, le quité las llaves y abrí la puerta por él. Detrás de la puerta había un tramo de escaleras.

"Vivo en el segundo piso", dijo. "Pero no creo poder subir las gradas yo solo".

Apoyó todo su peso en mí mientras lo ayudaba a subir las gradas. Luego él ni siquiera intentó abrir la puerta; apenas volteó a verme. Así que abrí la puerta, puse las llaves en el bolsillo de su chaqueta y le di un empujón para que entrara a su apartamento. Quizás lo empujé demasiado fuerte, pues cayó de bruces en la sala de su apartamento.

Cerré la puerta y corrí de vuelta a mi carro.

Al día siguiente revisé mi teléfono para ver cuánto dinero había hecho la noche anterior, pero luego vi que había recibido un correo electrónico. Era de mi instructor felicitándome por mis habilidades como conductor. Ni siquiera mencionó el hecho que había estado borracho la noche anterior o que se había caído en la nieve, pero sí dijo que yo era un buen conductor y terminó diciendo que el estudiante había superado al maestro, a lo que respondí en voz alta, "*You're right about that*—En eso sí que tienes razón".

Llevaba un par de horas manejando.

Era una noche tranquila pues no había recibido tantas solicitudes. Para entonces había muchos más conductores de estas compañías de viajes compartidos, y ese aumento en competencia había impactado mis ganancias. Esa noche había tenido que esperar bastante tiempo entre una solicitud y otra, y decidí terminar mi turno temprano y regresar a casa.

Me detuve frente a un semáforo y un hombre se acercó y me tocó la ventana.

"¿Hacia donde vas?", dijo cuando bajé la ventana.

"A casa", respondí.

"¿Vas hacia el norte?", preguntó.

"¿Qué importa si voy al norte?". No quería darle ninguna pista a ese hombre sobre dónde vivo.

"¿Nos llevas?", dijo; a un lado de él estaba una chica escuchando nuestra conversación.

"Tienes que solicitar un viaje desde la aplicación", dije, mostrándole mi teléfono.

"Si vas hacia allá, no tenemos por qué usar la aplicación", respondió. "Puedes ganar dinero en efectivo y nosotros nos ahorramos un poco también".

Sabía que como no eran usuarios de la aplicación era un riesgo dejarlos entrar a mi carro. En caso de un accidente, el seguro de la compañía de viajes compartidos no iba a cubrir los daños. Además, ambos parecían estar tan borrachos que estaban a punto de vomitar y si lo hacían, sabía que no iba a poder cobrar el *fee* de limpieza.

"¿Hacia dónde van exactamente?", les pregunté.

El hombre abrió la puerta, ayudó a su amiga a entrar al carro y me dio una dirección; iban a unas cuantas calles de mi casa.

Como iba de vuelta a casa, decidí arriesgarme y llevarlos. "Siempre es bueno tener un poco más de dinero para pagar por la gasolina", me dije a mí mismo.

Por si acaso, manejé con un ojo en la carretera y el otro en el retrovisor. Pero conforme avanzaba, me

Tu Conductor Ha Llegado

di cuenta que me había puesto en una situación muy peligrosa. Cuando llevaba a usuarios de la aplicación, tenía un poco de información sobre ellos. Sin embargo, ahora estaba solo con dos extraños en el asiento de atrás de mi carro.

Fue un gran alivio llegar a su destino sanos y salvos.

La mujer se bajó de mi carro y empezó a caminar mientras el hombre se quedó en el asiento de atrás, buscando dinero en sus bolsillos.

"*Oh, dude*", dijo después de unos minutos de registrar todos sus bolsillos. "No traigo efectivo". Me mostró sus manos vacías y se bajó.

Bajé mi ventana y le grité, "Oye, ¡qué te pasa!".

"*Dude*", respondió, "gracias por traernos". Y simplemente se dio la vuelta y empezó a caminar.

Me quedé un momento en mi carro, sin saber qué hacer. Quería salir e ir a confrontarlos. Pero sabía que si iba a reclamarles alguien podía llamar a la policía, y él simplemente podía decir que no los había llevado. O también podía meterme en problemas por haberles dado jalón sin usar la aplicación, lo cual iba en contra de las reglas de las compañías de viajes compartidos.

"Al menos no vomitaron dentro", me dije a mí mismo.

Pero luego me di cuenta que no había volteado a ver al asiento trasero.

Me di la vuelta, esperando lo peor. Los asientos se veían limpios, pero desde donde estaba no podía ver el suelo. Me desabroché el cinturón de seguridad, salí del carro, abrí la puerta de atrás y entonces lo vi.

Habían dejado un teléfono en mi carro, y no era cualquier teléfono, era un modelo reciente, de unos cientos de dólares.

Vi al final de la calle y pude ver al tipo caminando detrás de su chica. Tomé el teléfono, volví a subirme al carro y empecé a conducir.

"*Dude*, vete y ya", me dijo el tipo, cuando me acerqué a ellos.

"De acuerdo", dije. "Me quedo con este teléfono como forma de pago por el viaje". Le mostré el teléfono conforme empecé a alejarme, pero antes de llegar al final de la calle me detuve, salí del carro y empecé a caminar hacia él.

"Oye, ¡devuélveme mi teléfono!", gritó.

"Si no me vas a pagar por el viaje, al menos dame algo de dinero a cambio de tu teléfono", dije.

"Solo tengo veinte dólares", dijo y sacó un billete de uno de sus bolsillos.

Tomé el billete y tiré el teléfono al suelo, cerca de él.

Empezó a quejarse que había dañado su teléfono, pero simplemente lo ignoré y me fui de ahí. Me prometí a mí mismo que nunca más iba a darle jalón a alguien si no es a través de una de las aplicaciones.

La multitud empezó a contar los segundos antes de medianoche. 3… 2… 1… *HAPPY NEW YEAR!*—¡FELIZ AÑO NUEVO!

Volteé a un lado para darle un beso y un abrazo a mi esposa, y le dije, "De acuerdo, ya me tengo que ir".

Había estado tras el volante hasta las 11 p.m., luego me junté con mi esposa en un club donde ella estaba de fiesta con sus amigos. Ahora estaba a punto de regresar a trabajar pues era una de las noches que les genera más ganancias a los conductores de compañías de viajes compartidos en todo el año.

Me subí al carro y encendí la aplicación. Recibí una solicitud a pocas calles de donde estaba, al este de la ciudad, y manejé hasta llegar ahí.

"Entonces, ¿a dónde vamos?", le pregunté al pasajero tan pronto se subió a mi carro.

"Voy a Rosemont".

"Ay no", dije; las palabras casi salieron de mi boca.

"¿Hay algún problema?".

"Bueno, la cosa es que tenía la esperanza que fueras hacia el centro de la ciudad, porque ahí donde puedo hacer más dinero esta noche".

"¿Quieres que cancele el viaje?", preguntó ya algo molesto.

"No, para nada. Te llevo a donde necesites ir. *Happy New Year!*", agregué con una sonrisa, pero por dentro gritaba, ¡No quiero ir hasta pinche Rosemont! Eso es tan lejos del *downtown*.

Por suerte las calles estaban vacías y llegué ahí en tiempo récord.

Pero tan pronto el hombre salió de mi carro recibí otra solicitud de un hombre en un casino cerca de ahí.

Fui hasta el casino, pero antes de dejarlo entrar le dije, "Voy camino hacia el centro de la ciudad, y solo voy a aceptar el viaje si vas hacia allá".

"Sí, voy para allá", dijo.

El hombre entró a mi carro y empecé a decirle que estaba muy feliz de llevarlo al *downtown*. "Esta es la mejor noche del año y puedo hacer mucho dinero con el aumento de tarifas".

Entré a la autopista y llegué a Division y State en tan solo unos minutos.

"¿Me puedes esperar unos minutos?", el hombre dijo tan pronto se bajó de mi carro. "Solo voy a traer a un amigo".

Cinco minutos después lo llamé para avisarle que no podía esperarlo más. "Ya voy hacia la salida", dijo. "Espérame".

Regresó unos minutos después y tocó la ventana; estaba solo.

"¿Y tu amigo?", le pregunté.

"No quiso venir. Llévame de vuelta.

"¿A dónde? ¿A la casa de tu amigo?".

"No, llévame de vuelta al casino", dijo.

No lo podía creer. Había perdido tiempo esperándolo y ahora quería que lo llevara de vuelta a los suburbios. "No hay problema", dije muy serio, pero dentro de mí estaba insultándolo de muchas maneras. Sin embargo, me dediqué solo a manejar.

"Te voy a dejar una buena propina", dijo el hombre. "Sé que querías ganar dinero, pero necesitaba recoger esto para mi fiesta de fin de año". El hombre me mostró una gran bolsa llena de cocaína.

"*Put that away!*", le grité mientras iba manejando. "¡Esconde eso!".

"Antes necesito darle un toque", dijo. Puso su teléfono celular en sus piernas, y sobre él formó una línea de cocaína, luego la inhaló, todo dentro de mi carro.

"¡Ya! ¡Guárdalo!".

"Solo una más". Hizo una línea más sobre su celular.

Justo en ese momento vi una radiopatrulla; los policías habían detenido a un conductor más adelante. "¡La policía está justo ahí!", dije mientras nos acercábamos a la radiopatrulla. "¡Guarda esa mierda!".

"Tranquilo", dijo. "A los policías no les importa".

Ni siquiera había llegado a la esquina y el hombre seguía inhalando cocaína.

Cuando finalmente rebasamos a los policías, el hombre guardó la bolsa y hasta saludó a los agentes. "¿Ves? Te dije que todo estaba bien", dijo, sonriendo.

Manejé tan rápido como pude, para así llegar al casino pronto y deshacerme de él.

"*Happy New Year!*", dijo el hombre al salir. "Te voy a dar una buena propina".

Me alejé sin decirle nada.

Unos minutos más tarde recibí una notificación en mi teléfono. Había recibido una propina.

Cinco dólares.

Me orillé y apagué mi teléfono. Era demasiado tarde como para intentar ir al centro de la ciudad, y estaba demasiado molesto para manejar. Me enojó esa propina tan insignificante, pero más que todo estaba molesto porque sabía que si los policías me hubieran detenido, habrían encontrado la bolsa de cocaína y el hombre me hubiera echado la culpa a mí. ¿Y a quién iban a creerle los policías? ¿A un hombre de los suburbios o un inmigrante guatemalteco que maneja su carro para una compañía de viajes compartidos durante las fiestas de fin de año?

Unos días después, me estaba alistando para otra noche tras el volante. Me bañé, me vestí y fui a la cómoda a ponerme calcetines, solo para darme cuenta que no tenía calcetines limpios.

"¿Qué pasó con mis calcetines?", le pregunté a mi esposa; sabía que ella había tomado varios prestado durante la semana.

Eso inició una discusión sobre las cosas que ella me había pedido que hiciera en la casa, como no dejar mis zapatos a medio camino y lavar los platos más seguido. Eran el tipo de cosas que ella hacía más que yo.

Al final tomé un par de calcetines de la canasta de la ropa sucia. "No tengo tiempo para discutir", le dije a mi esposa y salí de la casa.

Di vueltas en la ciudad por un par de horas hasta que recibí una solicitud de una mujer. Fui a la dirección en la pantalla y cuando llegué ahí un hombre abrió la puerta y se sentó en el asiento del copiloto.

"Mi esposa pidió el viaje", dijo. "Ya viene en camino".

Me dio la dirección del restaurante a donde querían ir.

Nos quedamos ahí sentados, esperándola. Unos minutos después, él la llamó por teléfono, "¿Por qué te tardas tanto? ¡Ya estoy en el auto!".

Esperamos otro rato. Cinco minutos después, la volvió a llamar. "¿Vamos a ir o es mejor si regreso a casa?".

Cinco minutos después llegó su esposa. "¿Por qué tienes que apurarme todo el tiempo?", preguntó ella muy molesta.

"¿Por qué pediste el viaje si aún no estabas lista?", él respondió gritando. "No es justo que el conductor tenga que esperar tanto para que salgas de la casa".

Pensé, *Oh no*, no me metan en esto.

"A él no le importa esperar", respondió la mujer.

Empecé a manejar pensando, Salí casa para no tener que lidiar con este tipo de cosas.

"¡Alto!", dijo de pronto la mujer. "Vas en la dirección opuesta".

"Él sabe a dónde ir", respondió el hombre. "Le di la dirección del restaurante".

"Pero tenemos ir a recoger a…" ella dijo unos nombres que no recuerdo.

"No los soporto", dijo su esposo. "De haber sabido que venían, me hubiera quedado en casa".

"¿Y qué esperabas?", dijo ella. "Si salimos solo tú y yo, vamos a estar peleando todo el rato".

"¡No es así!", gritó él.

Entonces empecé a ver al tipo con odio; no pude evitarlo.

Llegué a la dirección que me dio la mujer y nos encontramos con una pareja besándose. Tan pronto vieron mi carro se separaron.

"Después de ti, mi amor", dijo el hombre, sosteniéndole la puerta a su pareja.

Saludaron a la otra pareja y empezaron a besarse otra vez. Tuve que decirles que dejaran de besarse y que se pusieran el cinturón de seguridad, para que así pudiera continuar el viaje. No estábamos muy lejos del restaurante a donde iban, pero de camino, la segunda pareja iba tomada de las manos.

El hombre de la segunda pareja salió del carro y de nuevo le sostuvo la puerta a su esposa. El hombre en el asiento de copiloto, su esposa y yo hicimos una mueca burlona al mismo tiempo.

Luego el hombre en el asiento de copiloto salió del carro, corrió al otro lado, donde estaba sentada su esposa, y le abrió la puerta a ella. "Después de ti, mi amor", dijo él, burlándose del otro tipo. Él y su esposa empezaron a reírse de camino a la entrada del restaurante.

Unos días después mi esposa y yo volvimos a discutir porque, de nuevo, había dejado mis zapatos a medio camino.

La mañana siguiente, antes de que despertara mi esposa, me empecé a alistar para ir al trabajo y le preparé una sorpresa a ella.

Más tarde ese día me mandó un mensaje de texto que decía, "Muy gracioso. Yo también te amo". Había dejado mis zapatos en medio de nuestra habitación formando un corazón y la letra U; ella me envió una foto del mensaje.

La noche siguiente salí a trabajar de nuevo; trabajé cerca de doce horas seguidas.

A las 3:55 de la mañana recibí mi última solicitud. Fui a recoger mi pasajero con la esperanza de que fuera hacia la misma dirección donde está mi casa. Eran un grupo de personas, e iban a Naperville. Era un viaje largo, lo que era algo bueno, pero sabía que iba a terminar la noche lejos de casa y que iba a tener que volver a la ciudad sin un pasajero.

Debí haberme visto tan cansado como me sentía, pues los pasajeros me preguntaron si debían cancelar el viaje. Estuve a punto de decirles que sí, pero supuse que un viaje más no me caería mal.

Los pasajeros usualmente hacen las mismas preguntas para romper el hielo. Una de ellas es, "¿De dónde eres?". Seguramente por mi acento latino esta es la pregunta que recibo más. Después preguntan, "¿Cuánto tiempo llevas trabajar como conductor?". Sin embargo, esa noche, mis pasajeros me hicieron una pregunta que no había escuchado antes, "¿Qué te motivó a empezar a trabajar para una empresa de viajes compartidos?".

La respuesta obvia era, Para hacer más dinero. Pero terminé contándoles que un día vi un carro con bigote y meses después me hallé colocándole un bigote a mi propio auto.

No me hicieron más preguntas, pero conforme el silencio regresó a la cabina, mi mente fue a la época antes de haber visto ese carro con bigote.

Estaba desempleado y buscaba trabajo en los anuncios de "Se necesita ayuda" que salen en los periódicos.

SE NECESITAN TAXISTAS fue un mensaje que me llamó la atención, y entonces llamé a la compañía que aparecía en ese anuncio. Me dieron varias opciones: podía usar mi carro, pero tenía que someterlo a una inspección y que lo más probable es que debía hacerle unas mejoras a mi carro. Otra opción era que podía recibir un carro de ellos, en forma de préstamo, pero cada mes la compañía iba a deducir dinero de mis ganancias para cubrir ese préstamo. O, a cambio de cientos de miles de dólares, podía comprarles un carro y obtener una medalla.

Tu Conductor Ha Llegado

Como era desempleado y estaba desesperado por tener un ingreso, la última opción me pareció ridícula. Al final obtuve un trabajo como mesero en un restaurante y la idea de trabajar como taxista se esfumó de mi cabeza.

Conforme avanzaba en la carretera, imaginé cómo sería todo si hubiera aceptado recibir un carro en forma de préstamo y empezar trabajar como taxista, comparado al trabajo que tenía ahora como conductor de una compañía de viajes compartidos.

Lo primero que pensé fue el hecho que los taxistas son víctimas de robos, mientras que los conductores de estas compañías de viajes compartidos no tenían que llevar dinero para darles cambio a sus pasajeros, siempre y cuando todos los pagos se hicieran a través de la aplicación.

Segundo, incluso si la compañía tuvo que hacerle una inspección a mi carro, al final la única mejora que necesitaba era ese bigote que debía poner al frente.

Finalmente, no tenía necesidad en invertir para obtener una medalla. De hecho, recibí un bono cada vez que empecé a trabajar para una de estas empresas. Es más, cuando pasaba a echarle gasolina a mi carro, escuché varias veces, de muchos taxistas, cómo ellos habían pasado décadas ahorrando dinero para comprar esa pinche medalla, y así ser sus propios jefes, para luego ver cómo su inversión perdía valor a causa de las compañías de viajes compartidos.

Me molestó saber eso. Pero también me alegró saber que había esquivado una bala.

Después de todo, había querido manejar un taxi y ganar un poco de dinero extra. La relación con mi novia se estaba tornando seria. Pero le debía dinero a la tarjeta de crédito y quería pagar esa deuda antes de hacer un compromiso más grande. Sentía que después de haber estado casado dos veces, era suficiente con llevar mi pasado a esa nueva relación, como para añadir mis problemas financieros.

Trabajar para las compañías de viajes compartidos me había ayudado. De hecho, casi había logrado pagar todas mis deudas, e incluso había empezado a ahorrar un poco de dinero. Pronto podría hasta renunciar a uno de mis trabajos. Tenía que escoger entre mi trabajo en la fábrica, por las mañanas, o mi trabajo como conductor, por las noches.

Tu Conductor Ha Llegado

Después de ir a dejar a mi pasajero, empecé a manejar de vuelta a Chicago, pero me detuve en una gasolinera. Cuando intenté salir del carro, sentí un dolor intenso en mi espalda baja. Apenas pude mantenerme de pie durante los minutos que me tomó llenar el tanque de gasolina. Me fue difícil manejar de vuelta a casa, y fue aún más difícil salir de la cama la mañana siguiente.

Todas esas noches manejando hasta tarde finalmente empezaban a afectarme. Esa es la razón principal por la cual ya no trabajo para las compañías de viajes compartidos. Eso y el hecho que ya no paga tanto como antes.

Pero si tengo que ser honesto, debo admitir que lo echo de menos. Extraño ver otras partes de la ciudad, pero lo que más extraño es hablar con desconocidos e incluso hablar con personas con las que no estaba de acuerdo con sus opiniones. Extraño escuchar las historias de vida de otras personas y contarles un poco sobre mi vida. Extraño tener la oportunidad de salir de mi burbuja y conocer a otras personas con otras ideas. Creo que es importante que todos encontremos formas que nos permitan salir de nuestras burbujas.

Gomez

Especialmente ahora, cuando es tan difícil hacer algo así.

Como país, nos dirigimos hacia lo desconocido. Será muy parecido a ir en una montaña rusa, más que cualquier otra cosa. Quizás va a ser más incierto, peligroso y aterrador de lo que nos hubiéramos imaginado. Será un viaje que puede que no sea seguro para todos nosotros, pero debemos intentar asumirlo y así sobrevivir juntos.

AGRADECIMIENTOS

En primer lugar, quiero darles las gracias a mis padres. (Conforme escribo este párrafo puedo escuchar la voz de mi madre, "Tu papá no hizo nada; te crie yo solita". Lo cual es cierto. Mi mamá fue la que se ganaba el pan de cada día, pero aun así tengo que darle las gracias a él, mamá).

A mis seis hermanos, por los pocos y muchos recuerdos, tanto buenos como malos. La mayoría son buenos. Son experiencias que vivimos juntos, y les agradezco, y también por aguantarme en mis peores épocas.

A todos mis amigos y maestros de la escuela, quienes fueron los primeros en leer algunos de mis primeros cuentos.

A Threadless, por darme la oportunidad de colaborar con su concurso *Type Tees*. Ese concurso me dio la oportunidad de escribir mis primeros relatos. A la comunidad de Threadless, a los amigos que hice ahí y los creadores de slogans que alimentaron mi imaginación, a los ilustradores que tomaron mis ideas y las convirtieron en diseños para *t-shirts*. Especialmente a Victor Callahan, por ayudarme a realizar la portada de este libro, y a JoAnn Koh, quien por años me ha motivado a escribir más y más historias.

A la dulce Mel, Melissa Pavlik, mi esposa, mi amor, mi amiga, por motivarme a compartir mis historias y por tener fe en mí. Sin ti, dudo que alguna vez hubiera intentando participar en los eventos de *storytelling* en vivo. Gracias por haber sido tan paciente conmigo. Sé que a veces puedo ser una persona complicada (veo a mis ex esposas asintiendo la cabeza conforme escribo esto).

Muchas gracias a todos los *storytellers*, los cuenta cuentos, de quienes leí sus historias, escuché sus canciones o poemas, o vi en una pantalla o en persona conforme crecía. Gracias por plantar esa semilla dentro de mí.

A Rick Kogan, quien leyó una de mis primeras historias y me motivó a seguir escribiendo.

A Luis Tubens, cuya poesía y presencia en el escenario me inspiró y sigue inspirándome.

A Shannon Cason, quien preparó el camino para personas como yo acá en Chicago.

A Archy Arch, uno de los primeros y mejores cuenta cuentos que he escuchado en mi vida; sorprendentemente AA ha sido tan buen amigo como cuenta cuentos.

A Lily Be, cuya historia titulada *Doñas of Humboldt Park* sonó en la radio en el momento preciso que me dije a mí mismo que a nadie le interesaba escuchar mis historias.

A Scott Whitehair, tu clase de *storytelling* me dio la confianza de seguir compartiendo mis historias, pero también me permitió conocer a amigos y compañeros de clase.

A GPA, de quien he aprendido tanto desde la primera vez que lo escuché contar una historia.

A The Moth, y a todos los que se esfuerzan en realizar los Moth Slams y otros shows. A cada productor de los shows de *storytelling* que me ha invitado a presentarme en sus shows, y a todos los cuenta cuentos que he conocido en esos eventos. Quisiera darles las gracias a todos y cada uno por nombre, pero puedo escuchar la voz de mi editor diciéndome que solo tengo una página para hacerlo; creo que ya con esta son dos páginas de agradecimientos, pero aún tengo muchas personas a quienes quiero darles las gracias por su apoyo.

A Del Domínguez y Laura Flores de la Mixed Motion Art Dance Academy por permitirme practicar la primera historia que iba a presentar en una de sus reuniones de mambo.

A todos los cuenta cuentos que compartieron una historia en nuestro show para inmigrantes llamado "80 Minutes Around the World", y a Angel Ling, quien ayudó a convertir a ese show en un podcast. Ella es un ángel.

A Erin Barker, un fantástico cuenta cuentos a quien he visto en vivo docenas de veces. Ella nos ayudó a encontrarle un hogar a nuestro show en Nueva York, en Caveat.

A todos mis amigos por apoyar nuestros shows en línea y en vivo.

A Matthew Dick, tus maravillosos logros en el escenario de Moth me abrieron los ojos al tipo de cosas que podía hacer yo también.

A todos los que fueron tan amables de escribir frases para este libro, voy a estar eternamente agradecido por ello.

A mi editor y editorial. Dios sabe que soy una persona complicada, que tiene demasiadas ideas, demasiadas preguntas, demasiado de todo.

A mis hijos, Miriam y Geovanni. Deseo algún día lograr que estén al menos un 10% orgullosos de lo orgulloso que yo estoy de ustedes desde el momento que sabía de su existencia.

Y a ti, quien estás a punto de terminar de leer este libro: estoy eternamente agradecido.

—Nestor "The Boss" Gómez

Printed in the USA
CPSIA information can be obtained
at www.ICGtesting.com
JSHW021940121124
73464JS00002B/15